CATALOGUE

D'ARMES OFFENSIVES

ET DÉFENSIVES

TRÈS-BEAU BAHUT EN BOIS SCULPTÉ

Italien du XVIe siècle, — Objets divers

PROVENANT DE LA COLLECTION DE M. FAYET

DONT LA VENTE AURA LIEU

HOTEL DROUOT, SALLE N° 4

Les Vendredi 29 et Samedi 30 Avril 1870

A DEUX HEURES.

~~~~~~~~~~

Par le ministère de Me **CHARLES PILLET**, Commissaire-Priseur,
10, rue Grange-Batelière,

Assisté de M. CARLE DELANGE, Expert, 5, quai Voltaire
Chez lesquels se trouve le Catalogue.

~~~~~~~~~~

EXPOSITION PUBLIQUE :

Le Jeudi 28 Avril 1870, de une heure à cinq heures.

CATALOGUE

D'ARMES OFFENSIVES

ET DÉFENSIVES

TRÈS-BEAU BAHUT EN BOIS SCULPTÉ

Italien du XVI° siècle, — Objets divers

PROVENANT DE LA COLLECTION DE M. FAYET

DONT LA VENTE AURA LIEU

HOTEL DROUOT, SALLE N° 4

Les Vendredi 29 et Samedi 30 Avril 1870

A DEUX HEURES.

Par le ministère de Me **CHARLES PILLET**, Commissaire-Priseur,
10, rue Grange-Batelière,

Assisté de M. CARLE-DELANGE, Expert, 5, quai Voltaire
Chez lesquels se trouve le Catalogue.

EXPOSITION PUBLIQUE :

Le Jeudi 28 Avril 1870, de une heure à cinq heures.

CONDITIONS DE LA VENTE

Elle sera faite au comptant.

Les acquéreurs payeront, en sus des adjudications, *cinq pour cent*, applicables aux frais.

L'exposition mettant le public à même de se rendre compte de l'état des objets, il ne sera admis aucune réclamation une fois l'adjudication prononcée.

Paris. — Imp. de PILLET fils aîné, rue des Grands-Augustins, 5.

M. Fayet est un de ces amateurs (vieux style) qui
trouvaient dans leurs loisirs, le temps de se dis-
traire de leurs occupations sérieuses en collection-
nant. Alors il n'était pas besoin d'être, comme aujourd'hui, millionnaire pour recueillir, çà et là, ces
épaves de l'art et de l'industrie de nos pères; et c'est
dans ses nombreux voyages, soit en Italie, soit en
Espagne, que M. Fayet a pu réunir les objets qui
composent sa collection. Parmi les plus intéressants
sont, sans contredit, ses armes dont il se défait aujourd'hui à regret, car ce n'est jamais sans chagrin
qu'on peut voir se disperser en quelques heures
d'enchères ce qu'on a eu tant de peine à rassembler
en beaucoup d'années. Sous le coup d'une pro-
chaine expropriation, le propriétaire se voit forcé
de se défaire de cette partie un peu encombrante de
sa collection. Messieurs les amateurs trouveront
dans cette vente une occasion d'acquérir de ces
pièces qu'on ne rencontre plus guère aujourd'hui,

et dont un grand nombre, tels que le n° 1, superbe Morion champlevé et damasquiné d'or; le n° 78, poignard, manche en ivoire orné de sculptures de la plus belle époque; les n°ˢ 31, 32, 44, 45, 52, 54, 55, 71, 83, 101, 102, 103, 104, belles épées, rapières, dagues, stylet, mains-gauches, etc.; le n° 10, partie d'armure gravée et dorée; le n° 109, bois de mousquet remarquable; enfin le n° 125, beau coffre italien d'atours, peuvent figurer dans les premières collections, ainsi qu'une quantité de pièces intéressantes au point de vue de l'histoire de l'art du fourbisseur et de l'armurier.

DÉSIGNATION

1 — Très-beau Morion à bascule, à haute crête ou cimier,
richement décoré de fines arabesques, champlevées et damasquinées en or, entourant des médaillons ornés de figures et de trophées, etc.; sur
la crête un paysage avec chasse au sanglier. —
Pièce remarquable du xvıᵉ siècle. * (1)

2 — Bourguignote en fer gravé; la crête ou cimier est décorée d'arabesques chimériques. — Oreillons re-
faits. — Milieu du xvıᵉ siècle.

3 — Autre bourguignote décorée de trophées. — Même
époque.

4 — Morion ou bassinet italien dont le timbre se termine
en pointe; il est décoré de bandes alternées, unies
et dorées. — xvıᵉ siècle.

5 — Saladé vénitienne en fer, recouverte en velours,
bordé d'un galon en or faux, provenant du palais
Gritti à Venise. — xvıᵉ siècle.

(1) Les objets marqués d'une astérisque sont figurés sur les planches.

6 — **Autre salade vénitienne** de parade en carton, recouverte également en velours, avec applique en cuivre repoussé et doré.

7 — **Bourguignote** en acier poli ; le timbre se termine par une longue pointe. — Commencement du xvie siècle.

8 — **Morion** à bascule, décoré de bandes alternées, gravées et unies. — Même époque.

9 — **Morion** italien à bascule, sans cimier, et dont le timbre se termine par un crochet décoré de bandes alternées, unies et gravées. — Même époque.

10 — **Partie d'armure** italienne, se composant d'une cuirasse et son dos, de deux brassards, dont l'un sans épaulière, et d'un casque ou bassinet se terminant en crochet ; elle est entièrement ornée de gravures champlevées représentant des trophées et des médaillons à figures, et de parties dorées. — Beau travail du milieu du xvie siècle.*

11 — **Corselet** en fer d'enfant, s'ouvrant à charnières, entièrement orné de rinceaux découpés et à jours.

12 — **Paire de brassards**, avec épaulières en acier uni et bruni.

13 — **Paire de gantelets** en acier uni et bruni.

14 — Targe ou bouclier, forme d'écusson armorié, avec
une échancrure dans un cuir pour regarder. —
xvi° siècle.

15 — Jolie targe en fer, barée entièrement par une croix
dorée et repoussée.—Pièce curieuse du xv° siècle.

16 — Grande rondache en fer, décorée d'ornements en
cuivre découpé, ayant au centre l'arme des Scali-
gères. — xvi° siècle.

17 — Grand bouclier forme écu, en fer ; au centre un aigle
ciselé, surmonté d'une couronne, les deux d'applique. Il est aussi muni de son ancienne garniture intérieure. Même époque.

18 — Très-petit bouclier de main pour combattre à la dague ou au poignard. Il est extérieurement garni de
bandes en torsade détachées en partie, pour en-
gager la pointe de la lame de l'adversaire à l'intérieur ; une poignée pour le tenir. — Pièce curieuse.

19 — Quinze fers de lances, hallebardes, chardons, per-
tuisanes, faurchards, etc.
Ce numéro sera divisé.

20 — Masse d'armes, entièrement en fer, à tête ronde formée par des bandes laissant des ajours dans les in-
tervalles. — xvi° siècle.

21 — Masse d'armes à ailerons découpés, surmontée d'une
pointe ; pommeau gravé et ciselé. — Même
époque.

22 — Grande hache d'armes, fer à jours et rosace ; à son opposé
un marteau ; elle est surmontée d'une pointe ; garniture du manche en fer à découpures.—xvie siècle.

23 — Beau et grand fauchard vénitien, dont la lame est
couverte de gravures dorées ; porté par les hal-
lebardiers d'honneur des membres du conseil des
Dix. — xvie siècle.

24 — Hachette d'armes faisant croissant ; à la partie opposée
au fer, un croc ; manche garni en velours clouté.
— Même époque.

25 — Autre hachette d'armes avec pointe opposée au fer,
repercée d'une rosace. — Même époque.

26 — Autre hachette d'armes plus grande.—Même époque.

27 — Grande épée vénitienne de parade, en fer doré, à grande
croisette recourbée, munie d'un anneau ; pommeau aplati et découpé à jour ; lame à double
arête, se terminant graduellement en pointe. —
Commencement du xve siècle. Se portaient devant
les doges, et les membres du conseil des Dix.

28 — Grande épée de justice en fer uni ; le talon de la lame,
à large gouttière, est orné de fines arabesques gravées. — Première partie du xvie siècle.

29 — Epée dont la croisette, recourbée en sens inverse, se
termine par des découpures ; sur l'anneau à sa partie large, un quatre-feuilles, découpé à jours.
Pommeau en spirale ; sur le talon de la lame un
poinçon, V F, séparées par une colonne ; au-
dessous une croix de Malte ; au revers une M
couronnée ; probablement ayant appartenu à un
chevalier de Malte. — Commencement du xvie siècle.

30 — Epée de selle à grande croisette, se terminant par des
spatules et à double anneau ; pommeau formé par
une tête casquée ; fusée en cuir ; lame flamboyante. — Milieu du xvie siècle.

31 — Petite épée en fer ciselé, sur fond doré, dont le pommeau et les bouts des quillons sont formés par des
doubles cartouches, décorés au centre de mascarons ; le reste de la croisette et le milieu sont ornés de même, mais en plus petite dimension. La
fusée en fer est à facettes saillantes. La lame, large
au talon, se termine graduellement en pointe, et
est munie d'un côté d'une arrête dans toute sa
longueur, formant gouttière à la partie opposée.
Pièce remarquable. — Commencement du xvi^e
siècle.

32 — Très-belle épée à croisette recourbée en sens inverse,
se terminant par des têtes de Mores. La poignée,
avec sa fusée, sont garnis de deux filets détachant

le milieu, uni, autre fer entièrement plaqué d'argent. La lame, jusqu'à la moitié, est garnie de quatre gouttières ingénieusement découpées à jours. Pièce rare. — De la première partie du xvie siècle.

33 — PETITE ÉPÉE à traverse recourbée, en fer ciselé ; les quillons et le pommeau sont formés par des têtes de Mores. Lame à gouttière. — Milieu du xvie siècle.

34 — JOLIE ESTOC, dont les gardes sont formées par des gourmettes, pommeau pareil, lame à gouttière avec marque de fabrique. — Milieu du xvie siècle.

35 — JOLIE ÉPÉE, dont les quillons sont recourbés par en bas ; elle est décorée, ainsi que la fusée, de damasquines d'argent. — Milieu du xvie siècle.

36 — JOLIE ÉPÉE à garde simple, fusée en fer, ornée de quelques ajours ; sur le talon de la lame, d'un côté, SIMEON MANANI DA FORMICANO, de l'autre, IESUS. MARIA.PENSA. E. PO. FA. — Milieu du xvie siècle.

37 — BELLE ET GRANDE ESTOC, à gardes contournées, formant torsades entièrement cloutées d'argent, la pomme en spirale est du même travail, lame à deux arêtes. — xvie siècle.

38 — JOLIE ESTOC, à gardes contournées, le pommeau et les gardes décorés de médaillons et d'arabesques en damasquine d'argent ; sur la contre-

garde, une croix à jours bordée de filets d'argent,
lame à gouttière. — xvie siècle. *

39 — GRANDE ESTOC, dont la poignée à triple garde et con-
tre-garde est décorée d'ornements ciselés ; lame à
gouttière, avec marque de fabrique. — Milieu du
xvie siècle.

. 40 — ESTOC ou rapière, à garde contournée avec traces de
damasquines et de ciselures, lame à talon carré et
à gouttière.

41 — ESTOC ou rapière unie, lame à gouttière.

42 — ESTOC ou rapière, à gardes contournées, bordées de
filets, pommeau cannelé, sur la lame à gouttière
S. H. T.

43 — ESTOC ou rapière (dite à panier), à jours, formée par
des galons entrelacés, lame triple gouttière. — Fin
du xvie siècle.

44 — BELLE ET GRANDE ESTOC ou rapière (dite à panier),
dont la coquille est ciselée et repercée à jours ; des
deux côtés de grands médaillons repoussés et ciselés, représentant le cheval de Troie entrant par
une brèche que des ouvriers sont en train de pra-
tiquer aux murailles ; le cheval dans l'intérieur
de la ville, et les Grecs qui en sortent. Le pommeau orné de deux beaux mascarons ; sur la lame
à double gouttière régnant dans toute la longueur,

d'un côté lisible, **B. W. TOMAS** répété. — Fin
du xvi° siècle. **

45 — BELLE ET GRANDE ESTOC (ou rapière) dite à panier,
dont la coquille est entièrement ciselée et à jours
au milieu desquels sont des figures ciselées dans
la masse ; le pommeau orné de médaillons, représentant des bustes de femmes et de guerriers ;
lame à deux arêtes. — Même époque.*

46 — GRANDE ESTOC ou rapière dite à panier, à bord fes-
tonné, entièrement ornée de rinceaux ciselés et
repercés à jours, lame à double arête. — Fin du
xvi° siècle.

47 — GRANDE ESTOC ou rapière, ayant pour pommeau une
tête de More, sur la lame à gouttière ANTONIO.
PICINIO.EN.TOLEDO. — Même époque.

48 — GRANDE ESTOC ou rapière dite à panier, avec contre-
coquille finement décorée d'arabesques ciselées
et repercées à jours ; sur la lame à gouttière, XX
IUANEZ.DE.TOLEDO. — Fin du xvi° siècle.

49 — GRANDE ESTOC ou rapière, ornée de rinceaux, ciselée
et découpée à jours, et de médaillons représentant des bustes, des syrènes et des aigles héraldi-
ques de la maison d'Este ; sur la lame à gouttière,
XX ANTONIO EN TOLEDO. — Fin du xvi°
siècle.

50 — GRANDE ESTOC ou rapière dite à panier, ornée de bas-reliefs, représentant des sujets pastoraux, au milieu de rinceaux ciselés et découpés à jours ; sur la lame à triple gouttière, **SANDRINI-SCCACHVS**. — Fin du xvi⁰ siècle.

51 — GRANDE ESTOC ou rapière (dite à panier), ciselée et découpée à jours ; le pommeau est formé par une tête casquée ; sur la lame à gouttière, **ANTONIO RVIS**. — Même époque.

52 — JOLIE RAPIÈRE espagnole, coquille à bords repliés, quillons renversés en sens inverse décorés, d'ornements ciselés et repercés à jours, avec contre-coquille ; sur la lame à gouttière, **IVLIAN DE ZA-MORA**. — Fin du xvi⁰ siècle.

53 — PETITE RAPIÈRE espagnole (dite à cuiller à pot), à bord replié, la partie de la coquille ainsi que la contre-coquille d'intérieur finement ciselée et repercée à jours, lame à gouttière. — Fin du xvi⁰ siècle.

54 — CHARMANTE PETITE ÉPÉE (dite de cuisse), dont l'ornementation est profondément ciselée et prise dans la masse ; le pommeau est formé de quatre mufles variés deux à deux de lions et de chiens, le milieu de la croisette est occupée de chaque côté par un mascaron grotesque et les quillons sont formés par deux dragons fantastiques. Pièce de premier ordre. — Fin du xvi⁰ siècle.

55 — Charmante petite épée (dite de cuisse), dont l'ornementation du pommeau et de la croisette est profondément ciselée et prise dans la masse. — Fin du xvie siècle.

56 — Petite épée (dite de cuisse) vénitienne à poignée en fer ciselé ; les quillons se terminent par des têtes humaines. La lame est fermée par un lion ciselé et pris dans la masse ; lame à gouttière.

57 — Petite épée à quillons formés par des corps de chevaux de la tête desquels sortent des branches se terminant par des pommeaux ; au milieu de la croisette, un médaillon orné de cavaliers. — Fin du xvie siècle.

58 — Petite épée de cuisse, dont la croisette se termine en volutes ; au milieu et sur le pommeau des bustes d'empereurs, elle est damasquinée d'argent. — Même époque.

59 — Petite épée de cuisse (dite de) avec garde et pommeau ciselés.

60 — Petite épée de cuisse, dont la poignée ainsi que la fusée sont damasquinées d'argent. Lame à gouttière.

61 — Petite épée de cuisse, le talon de la lame en creux est décoré de fleurons et de petits bustes en argent. — Même époque.

62 — PETITE ÉPÉE (dite de cuisse), poignée et fusée décorées d'ornements damasquinés, sur la lame à gouttière INRI. — Même époque.

63 — PETITE ÉPÉE (dite de cuisse), dont la poignée est entièrement composée de parties annelées, juxtaposées et mobiles. Lame avec marque de fabrique. — Même époque.

64 — ÉPÉE ou sabre allemand à lame droite à un seul tranchant. Les gardes sont richement décorées de ciselure repercées à jours. Du pommeau part une chaînette qui se rattache aux gardes. — Fin du XVIᵉ siècle.

65 — ÉPÉE ALLEMANDE à garde compliquée recouvrant entièrement la main et à jours, sur la lame : CLEMENS HIRSCHBAVM IN SOLINGIN. — Même époque.

66 — ÉPÉE ESCLAVONNE, sur la garde elle porte la marque du sceau de Saint-Marc.

67 — AUTRE ESCLAVONNE, munie de son fourreau en cuir, sur la lame : IOANNES ME FECIT.

68 — ÉPÉE DITE ESCLAVONNE, dont la garde découpée à jours entoure entièrement la main.

69 — AUTRE DITE ESCLAVONNE, plus simple.

70 — ESCLAVONNE à courte lame et fusée en chagrin.

71 — Petite épée dont la poignée à double coquille, finement ciselée et repercée à jours, est ornée de médaillons représentant des bustes. Lame à douː le arête. — Commencement du xvıı° siècle.

72 — Petite épée à double coquille gravée, sur la lame : PEDRO. DE TORO EN TOLEDO, 1580. — Même époque.

73 — Épée du temps de Louis XIV en fer ciselé et découpé à jours à double coquille. Sur toute la longueur de la lame dorée et bleuie des sujets de chasse gravés.

74 — Petite épée de l'époque de Louis XIV, dont la poignée est décorée d'ornements gravés et dorés, sur la lame flamboyante : I.S.B.

75 — Sabre épée de l'époque Louis XV, avec la date de 1740 et la devise : PRO.DEO et PATRIA.La poignée est ciselée et damasquinée d'argent.

76 — Autre de même époque et de même genre à fond incrusté d'or, la lame est entièrement gravée et ciselée, et porte plusieurs inscriptions incomplètes qui indiquent le nom du fourbisseur et son adresse, rue des Poulies, au Grand-Monarque, avec la marque de Solingen.

77 — Épée courte à simple croisette ; la fusée ou manche est formée par une figure de moine tenant une tête de mort en bois sculpté. La lame est ornée de gouttières à compartiments.

78 — Charmante dague, manche d'ivoire sculpté. Fusée à
double balustre tournée ; pour pommeau un joli
chapiteau feuillagé sur le plat duquel une étoile
en argent ciselée, pour recevoir la rivure de la
soie. La garde est formée par quatre fleurons
ornés de têtes d'hommes et de femmes coiffées à la
mode du temps. Sur le talon de la lame à double
arête, se trouve d'un côté une inscription en
capitales gothiques peu lisibles. — Fin du xv° ou
commencement du xvi° siècle.

79 — Dague vénitienne (dite langue de bœuf), dont la
fusée en corne est incrustée de rondelles en
ivoire teinté. Le talon de la large lame (forme de
langue allongée) est percée de deux petites ouvertures rondes, par lesquelles on peut voir l'adversaire. — Commencement du xvi° siècle, ou fin
du xv°.

80 — Dague vénitienne à croisette renversée et contrariée
dont les quillons ainsi que le pommeau sont formés
par des têtes de Mores. — xvi° siècle.

81 — Dague à croisette simple ; le pommeau est ciselé à
jours. Lame à talon carré, et double gouttière
repercée à jours. — Même époque.

82 — Très-jolie dague à croisette et pommeau ciselé et
orné d'incrustations d'argent. Lame à gouttière,
repercée à jours, avec long talon sur lequel on lit
en lettres d'or, des deux côtés, **MAMBERGER.
IN. STRASB.**

83 — Jolie dague munie de son fourreau, en cuir, dont
les garnitures sont richement ciselés et décorés de petites figures prises dans la masse. Le
pommeau et les bouts des quillons sont également
décorés de ciselures en haut relief. — xviᵉ siècle.

84 — Belle dague munie de son fourreau en cuir. Pommeau et croisette ornés de damasquins d'argent.
— xviᵉ siècle.

85 — Très-jolie dague, pommeau et croisette ornés d'incrustations d'argent, lame et gouttières à jour.
— xviᵉ siècle.

86 — Dague à large lame, avec fusée en bois sur le talon
de la lame à gouttière des deux côtés, V. F. sé-
parés par une colonne. — xviᵉ siècle.

87 — Dague dont le pommeau et la traverse sont ciselés
et repercés à jour. — xviᵉ siècle.

88 — Petite dague à croisette recourbée et pommeau
damasquiné et clouté d'argent. — xviᵉ siècle.

89 — Jolie dague à courte croisette cloutée d'argent. —
xviᵉ siècle.

90 — Dague à pommeau formé par une tête d'oiseau; sur
la croisette, trace de damasquinures. Lame avec
divers chiffres et marques. — Blason lion héral-
dique. El... — xviᵉ siècle.

91 — **D**AGUE dont le pommeau est formé par une tête de femme au milieu de la croisette, un buste de femme. — xvie siècle.

92 — **D**AGUE à large lame, la croisette, l'anneau et le pommeau formés par des grenades. — Même époque.

93 — **D**AGUE à longs quillons et garde annelée, lame triangulaire formée par trois caneaux. — xvie siècle.

94 — **M**ISÉRICORDE à poignée ciselée et lame triangulaire. — xvie siècle.

95 — **M**ISÉRICORDE (ou dague de merci) dont la fusée et le pommeau sont ciselés ; lame à quatre côtes saillantes (dite carrelet). — Même époque.

96 — **A**UTRE MISÉRICORDE, fusée en spirale et pommeau aplati formant une étoile. Lame à côtes saillantes. — Même époque.

97 — **J**OLIE MISÉRICORDE. La fusée formée par un singe portant une espèce de vase, la croisette terminée par deux têtes de monstre, lame triangulaire. — Même époque.

98 — **D**EUX MISÉRICORDES à lames triangulaires à poignée finement tournée. Sur la lame de l'une, des trous servant de gouttières.

99 — **P**ETITE DAGUE de *rescousse* dite de jarretière, avec laquelle le combattant désarmé pouvait encore se

défendre *in extremis*. Les dames en portèrent
aussi quelquefois à leur jarretière. — xvie siècle.

100 — AUTRE DAGUE de *rescousse* à peu près pareille. —
Même époque. — Autre dont la tige de la poi-
gnée est formée par un enfant emmailloté. Celle-
ci probablement étant une dague de dame.
— Même époque. — Autre buste en ivoire. —
Même époque.

101 — CHARMANT STYLET de dame à double fin, pouvant
servir de poinçon. Le milieu de la poignée, formée
par deux balustres, est occupé par un vase à trois
anses détachées. Il est muni de son étui en fer
auquel il est retenu par quelques filets de vis.
Joli travail de ciselure du xvie siècle.

102 — TRÈS-BELLE MAIN GAUCHE à bord replié, quillons
et garde très-finement ciselée et repercée à jour.
Sur le talon de la lame, la place du pouce et deux
ouvertures rondes pour regarder à travers, un
tranchant et un dos à scie. — Fin du xvie siècle.

103 — BELLE MAIN GAUCHE, dont la garde, découpée à jour,
est doublée d'une contre-plaque. Elle est décorée
au centre d'un trophée d'armes, et au haut d'un
mascaron grotesque, et est munie au bas de croi-
sillons, pour arrêter la pointe de l'arme de l'adversaire. Son pommeau est à godrons et de forme
aplatie. Le talon de la lame, tranchante d'un côté
et à scie de l'autre, est percé de deux ouvertures
rondes pour regarder à travers. — Fin du xvie siècle. *

104 — A̲utre belle main gauche sans bord replié. Sur le milieu de la garde, finement ciselée et repercée à jour, et une syrène posée sur un mascaron tenant deux cornes d'abondance d'où partent des rinceaux de feuillages. Lame à double arête. — Fin du xvi⁰ siècle.*

105 — D̲ague avec fourreau et poignée en ivoire gravé et sculpté. Les sujets représentent Débora, un prophète lapidé, et deux sujets inconnus.

La fusée de la poignée se termine par une demi-figure de More, et les côtés sont ornés de figures en applique. — Commencement du xvii⁰ siècle.

106 — B̲eau pommeau en fer forgé et ciselé, orné d'une chasse au lion par des cavaliers.

107 — S̲ix pommeaux divers.

108 —D̲eux belles lames, dont une à côte ondulée en relief et sur l'autre partie quatre rainures jusqu'à la pointe.
Ce numéro sera divisé.

109 — T̲rès-beau bois de mousquet couvert d'incrustations en corne de cerf finement gravées, représentant des sujets de chasse. Sur la crosse, d'un côté Job, sa femme et ses amis. — Lucrèce debout se frappant du poignard, à ses pieds cette inscription en très-petit caractère de Valère Maxime : lvcrecia. lux. pvdicicæ romanæ. coacta. stvprvmi. pat. ferro se. qvod. veste. tectvm. attvlirat. itere-

mit. valer. m. La Justice tenant sa balance que l'Amour fait pencher de son côté. Sur l'autre face, Jésus tenant dans ses bras un enfant; des hommes et des femmes qui lui en amènent d'autres. Enfin un sujet inconnu, deux femmes dont l'une un pied dans l'eau devant un capitaine à la tête d'homme d'armes. Pièce des plus intéressantes. — Milieu du xvie siècle.

110 — Petit mousquet de chasse dont le bois est orné d'incrustations en corne de cerf, cartouches et autres ornements. Sur le canon un poinçon N dans un écusson. — Même époque.

111 — Pistolet a rouet en fer uni. — Même époque.

112 — Pistolet à rouet dont le bois est orné d'incrustations en ivoire gravé. Sur le canon, deux poinçons fleurdelysés, sur l'un on lit LAZZARO LAZARINO, sur l'autre FERNADES. — Même époque.

113 — Petite arbalète en fer avec crosse en bois, ornée de quelques incrustations d'ivoire.

114 — Deux belles batteries (ou platines) de mousquet à rouet, décorées de sujets et d'ornements gravés.

115 — Poire d'amorce en fer, de la forme d'une poire allongée; elle est couverte d'ornements incrustés et damasquinés en argent; le bouchon, au moyen d'un petit ressort intérieur dont le système est caché, découvre l'ouverture.

116 - Appui de mousquet, ou fourchette tout en fer; dans l'intérieur du manche est un dard qui sort à volonté et peut en faire une arme de défense.

117 — Grande poire a poudre (pulvérin), en cuivre doré, repoussé et ciselé; les ornements découpés à jours se détachent sur un fond de velours; sur la face principale, un cavalier l'épée haute. — Belle pièce du xvi⁰ siècle. *

118 — Poire a poudre (pulvérin), en corne de cerf ornée de sujets finement gravés : Pyrame et Thisbé, Actéon changé en cerf, Apollon et Daphné, et un sujet de chasse. — Fin du xvi⁰ siècle.

119 — Autre poire a poudre, représentant un soldat combattant, en costume de la fin du xvi⁰ siècle.

120 — Poudrière ou pulvérin en fer ciselé et à jours, représentant des satyres dont deux jouent de la flûte. — xvi⁰ siècle.

121 — Poire a poudre (ou pulvérin), en corne de cerf, finement gravée, représentant d'un côté l'Adoration des mages, de l'autre des arabesques, munie de sa clef.

122 — Autre sujet en relief. Baptême de saint Jean.

123 — Poire a poudre en cuir gaufré, décorée d'animaux fantastiques; garniture parties en cuivre.

124 — Joli étui en cuir gaufré (porte-diplôme), orné de lions grimpant dans des rinceaux de feuillages ; sur le couvercle on lit d'un côté : 5. DOTTORE.FVORI ; de l'autre : 1633 CAMARINO.

Objets divers.

125 — Grand et magnifique bahut, ou coffre d'atours en bois sculpté, sur fond doré ; les angles sont cantonnés de cariatides, et le devant est occupé par un bas-relief séparé en deux par un blason de famille ; d'un côté, la mort de Jules César, de l'autre, ses partisans allant démolir la maison de Cassius. — Beau travail italien du xvie siècle.

126 — Petite poire d'amorce graduée en fer doré.

127 — Poire d'amorce en fer gravé, munie d'une clef de mousquet.

128 — Grand et double blason en bronze, provenant d'un monument funéraire avec le millésime de 1425.

129 — Grand blason en fer repoussé, coquille de pèlerin.

130 — Paire d'éperons en fer, découpés à jours.

131 — Trois éperons en fer dépareillés, à longues mo-
lettes étoilées.

132 — Ceinturon en cuir, décoré de rinceaux formés par
des clous en étain très-rapprochés. On y lit cette
devise en allemand, dont voici la traduction :
Aime Dieu et suis ses commandements.

133 — Autre plus grand, même travail, avec plaque en
cuivre estampé.

134 — Autre encore plus grande, même travail, muni de
trois boucles et de leurs lanières.

135 — Porte-traits en cuir gaufré, décoré de rinceaux
et animaux fantastiques.

136 — Poire d'angoisse en fer ; elle est munie d'un manche creux dans lequel joue la tige qui fait mou-
voir les quartiers de la poire, qui a l'intérieur tout
garni de pointes retenant la langue lorsqu'on re-
ferme la poire (instrument de torture, xvie siècle).

137 — Belle plaque de serrure italienne en bronze doré,
décorée de trophées, vases et figures allégoriques
sur le marcillon, une figure de Pomone. Milieu
du xvie siècle.

138 — Serrure en fer de l'époque de Louis XIV, décorée
de découpures et mascarons. A l'intérieur un mé-
canisme compliqué.

139 — Pièce de ferronnerie se terminant en bas par une tige, et formée par un monogramme couronné et assez compliqué, dans lequel on trouve les lettres **P. S. T. D.**

140 — Belle clef en fer forgé et ciselé, dont la tige se termine par un chapiteau surmonté d'un anneau formé par deux dauphins.

141 — Fermail d'aumonière en fer, orné de muffles de lions et reste de damasquiné d'or.

142 — Deux autres plus simples.

143 — Dix petites bustes en bronze, femmes et hommes, ayant servi de pommeaux. Travail italien du xvie siècle. Ce numéro sera divisé.

144 — Petit heurtoir de porte et cinq entrées de serrure en fer étamé.

145 — Magnifique serrure en fer de coffre d'atours; la partie supérieure est ornée d'une fine broderie gothique; au centre un grand nœud dont les bouts se terminent par des feuilles de chardon, au-dessus duquel est un petit serpent servant de cache-entrée; les angles, à pointes recourbées en dehors, se terminent par des têtes de monstres : à l'intérieur, un système de fermeture très-compliqué. Elle est munie de sa clef. Travail curieux de serrurerie et de ferronnerie de la fin du xv° siècle.

146. — Trépied lavabo vénitien en fer forgé et contourné, supportant une cuvette en faïence d'Urbino : elle est décorée d'arabesques en grotesques et à godrons; au-dessous est suspendu un seau en cuivre repoussé.

147 — Sous ce numéro seront vendus les objets omis au catalogue.

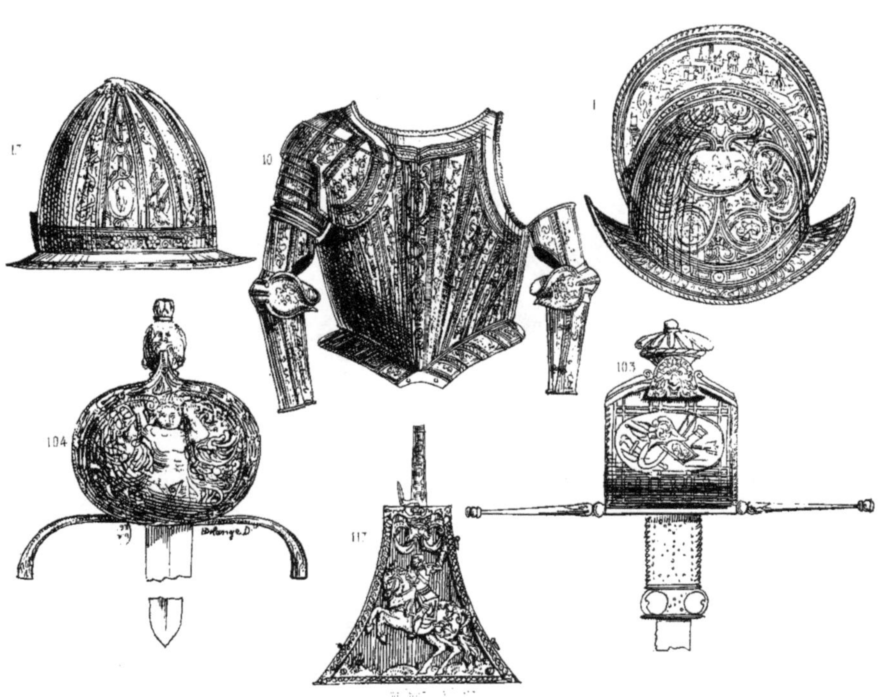

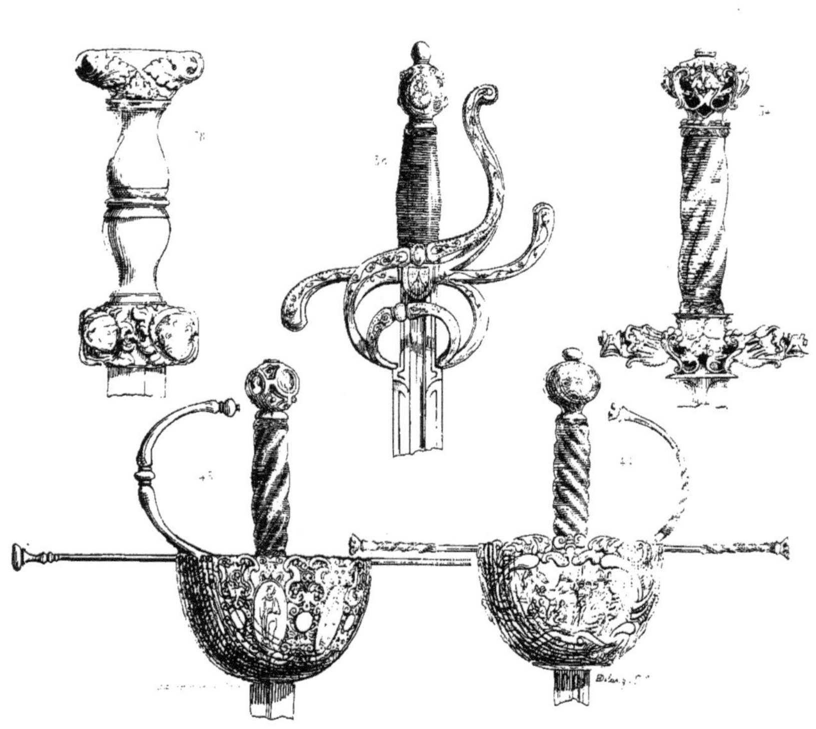